Devenir une autorité morale

Junior Pérets

Couverture Canva :

https://www.canva.com/design/DAFPIe_2yn8/NFTUy7SXThbUiciCxFz9NQ/edit?utm_content=DAFPIe_2yn8&utm_campaign=designshare&utm_medium=link2&utm_source=sharebutton

Edition Vision Biosphère

Voir la vie dans toutes ses possibilités

https://www.vision-biosphere.com/

ISBN : 9782958016876

Dépôt légal : Juin 2023

Le Code de la propriété intellectuelle n'autorisant, aux termes des paragraphes 2 et 3 de l'article L.122-5, d'une part, que les « copies ou reproductions strictement réservées à l'usage privé du copiste et non destinées à une utilisation collective » et, d'autre part, sous réserve du nom de l'auteur et de la source, que les « analyses et les courtes citations justifiées par le caractère critique, polémique, pédagogique, scientifique ou d'information », toute représentation ou reproduction intégrale ou partielle, faite sans le consentement de l'auteur ou de ses ayants droit ou ayants cause, est illicite (article L.122-4).Cette représentation ou reproduction, par quelque procédé que ce soit, constituerait donc une contrefaçon sanctionnée par les articles L.335-2 et suivants du Code de la propriété intellectuelle. Nous rappelons donc que toute reproduction, partielle ou totale, du présent ouvrage est interdite sauf autorisation de l'Éditeur ou du Centre français d'exploitation du droit de copie (CFC-3, rue d'Hautefeuille-75006 Paris).

Remerciements

Je remercie ici :

Cristina Maria Pereira pour tout son amour à mon égard.

Boutheyna Garbaa pour ses précieuses corrections.

Jean Paul Babungu, Héritier Diniame, Kabeya Mwembia, Berto Y. Malouona Nzouzi, Mélissa Mwembia et Evanhove Madzou qui m'accompagnent dans ce métier passionnant.

Ma famille, le nid à partir duquel j'ai fait mes premiers pas et pris mon envol.

Tous ceux qui m'encouragent et me découragent. Que tous ceux qui se reconnaîtront dans la contribution de cette œuvre trouvent par ces mots l'expression de ma profonde gratitude. J'ai écrit avec vous. Je vous remercie aussi. Je ne saurais pas être plus explicite et plus certain dans le choix de mes mots.

Pourquoi j'ai écrit

Quelqu'un a dit : les mots que nous utilisons chaque jour sont souvent ceux dont nous ne connaissons pas souvent la définition. Le terme autorité morale est récurrent dans le monde politique congolais. Il est utilisé pour signifier une personnalité politique qui dirige soit un parti politique, ou un groupe de parti politique. C'est elle qui donne la ligne de conduite de l'organisation. Les consignes de l'autorité morale restent inchangeables. Le concept d'autorité morale est l'un des aspects du leadership.

Aujourd'hui, le monde a besoin de gens qui sachent conduire les foules, qui sont la lumière de leur peuple, qui donnent le meilleur d'eux-mêmes, et dont le courage et le calme inspirent la confiance. Des personnes qui maintiennent l'équilibre entre le courage et la douceur, l'humilité et l'assurance.

Cette réflexion tient à présenter ce concept constitué de deux mots. Comme le disait Dede Kasay lorsque le concept est erroné les résultats seront infailliblement erronés. Tout commence par la définition. Cette réflexion devrait inspirer le leader et l'opinion publique à utiliser les mots dans leur vrai sens pour éviter des abus de langage. Elle est l'une des photographies de la situation du leadership congolais. Elle accompagne le changement plutôt que de plonger dans la critique ou la dénonciation. Nous reconnaissons qu'il y a des avancées. Ce n'est pas une prise de position catégorique sur la politique et le leadership congolais. Tout en sachant que les leaders politiques sont des humains comme les autres avec des défauts et qualités.

Voici les motivations qui m'ont amené à écrire :
- Dale Carnegie a dit : « *Les idées les plus brillantes au monde sont sans valeur si vous* ne les partagez pas ».
- Périclès a dit : « Celui qui a des idées et ne sait pas les faire passer n'est pas plus avancé que celui qui n'en a pas ».
- Rick Warren a dit : « Si on ne parle pas d'une chose, on en perd le contrôle ».
- Paul Arden a dit : « Partagez tout ce que vous savez, vous apprendrez plus ». Partager c'est multiplier.
- L'important est de ne pas laisser les bonnes idées vous filer entre les doigts. Une bonne idée peut changer le cours de votre vie et celle des autres si vous savez la capter.

- Un livre peut renseigner et faire évoluer quelqu'un.

Pour moi, écrire c'est donner une longévité à la connaissance, une continuité au savoir, une fondation sur les réflexions du futur. Comme je ne crois pas à la réincarnation, je préfère avoir plusieurs vies, dont celle d'un écrivain. Écrire pour moi c'est sortir des cases de la société actuelle. Je préfère vivre libre avec plusieurs vies qu'être prisonnier avec une seule vie. Écrire c'est ma contribution à la pérennisation de la connaissance et du savoir. Si j'écris, c'est parce que je n'ai pas voulu en rester au stade où notre connaissance ne sert qu'aux blâmes, aux critiques et aux remarques envers les autres. J'ai jugé utile de partager avec les autres ce que j'ai appris. Ainsi, je continue à apprendre de ce que j'ai moi-même écrit. Loin de moi la prétention de tout connaître. Mes lectures m'ont permis d'échapper à un monde pessimiste qui ne m'offrait aucun avenir. Ils m'ont transporté dans un univers de possibilités. Après la lecture d'un livre, le plus important ce n'est pas seulement ce que vous apprenez et les citations que vous retenez. Ce sont aussi les résolutions pour le changement que vous prenez pendant et après la lecture. D'où, lire un livre c'est s'embarquer dans un voyage d'où on ne reviendra pas le même.

La politique

Étant défini comme l'art de gouverner pour les intérêts de la communauté, ou le système que les hommes utilisent pour gérer les ressources territoriales ; la politique en tant que substantif consiste en l'art de gouverner. Mais dans la pensée populaire congolaise, ce sont des concepts erronés tels que :

- L'art de mentir : Les politiciens sont reconnus comme des menteurs populaires. Ce qu'ils disent, c'est soit ce qu'ils vont faire en partie ou ce qu'ils ne feront pas. Si on dit de toi que tu parles comme un politicien, c'est que tu es un menteur. Après plus d'un demi-siècle d'indépendance, quels sont les discours que les Congolais n'ont pas entendus ? Les verbes vouloir et falloir sont conjugués au futur et au présent avec peu de matérialisation. C'est ainsi que la politique est définie comme l'art de mentir. Il n'y a pas de changement effectif. Ce sont seulement les dénominations qui changent. Ils parlent au nom du peuple qu'eux même méconnaisse. Certains disent que le peuple congolais est un peuple naïf. À chaque remaniement de gouvernement, les nouveaux membres viennent avec un arsenal de mots :

gouvernement de warrior ; révolution de la modernité ; géopolitique ; gouvernement technocrate ou de salut public ; décentralisation et autres. Cependant, les acteurs politiques prétendent toujours parler au nom du peuple. Ce ne sont que des déclarations hypocrites qui frisent la moquerie, car on veut simplement tranquilliser les peuples. Pour le pouvoir, les mots semblent être la seule arme disponible pour se défendre contre l'opposition. Ainsi, ils ont le comportement formaliste ressemblant aux pharisiens. Ils ne veulent pas être reprochés. Ils pointent du doigt d'autres personnes lorsqu'ils sont reprochés. Ils disent que la population en demande trop. Ils justifient l'injustifiable. Ils veulent faire croire qu'ils sont plus patriotes que les autres. Ils sont considérés comme de faux prophètes, car ils prédisent des choses qui ne s'accomplissent pas. Les politiciens impressionnent par leurs façons de parler. Mais ils oublient que ce que l'on est parle plus que ce que l'on dit. Face aux faits, la justification n'a pas sa place. De ce fait, ils veulent se faire experts dans n'importe quel domaine sans pour autant avoir les données qu'il faut. Ils sont spécialistes en bonnes intentions. Ils sont aussi considérés comme des bavards. Une conclusion est qu'un bavard ne conçoit pas et ne saisit pas bien ce dont il parle longuement. Un bon discours définit la réalité. Le politicien ne donne pas une vision, mais des illusions. Les médias reçoivent des analystes politiques qui sont des experts à énumérer les différents problèmes qui menacent le pays, mais peu nombreux sont ceux qui apportent les solutions et moins nombreux sont ceux qui apportent les solutions adéquates. Les débats à la télévision, sur les réseaux sociaux et à la radio sont devenus de moment de justifications pour le pouvoir et des attaques pour l'opposition. Ce qui fait manquer d'objectivité à tout ce qui se dit à la télé par l'opposition et la majorité. Le peuple est nourri aussi par de beaux discours.

- Un moyen pour gagner de l'argent en un temps record : Les Congolais ont découvert que l'appareil de l'État peut être utilisé comme un instrument de prédation. Il n'est pas rare que des gestionnaires ou détenteurs d'une parcelle d'autorité en abusent pour extorquer des redevances indues et plus encore pour mettre à charge de l'institution qu'il devait promouvoir des engagements ou services injustifiés. Ici, le but n'est pas de servir, mais se servir. Si cette pratique est largement admise, sa dénonciation fréquente jusque dans les médias par des caricatures, sketch et groupes de discussion, indique qu'elle n'est pas légitime. La preuve qu'un vrai réveil s'enracine profondément en République Démocratique du Congo. La population traite ses dirigeants d'incompétents. Lorsque vous ne mettez pas l'homme qu'il faut à la place qu'il faut, vous provoquez un double chômage. Premièrement, il y aura un chômeur actif, il est en poste, mais ne fait rien. Deuxièmement, il y aura un chômeur passif, ayant des atouts, mais assis parce qu'on ne lui a pas donné la possibilité de travailler. La population se dit toujours être dirigée par des voleurs qui considèrent la caisse de l'état comme leur propre poche. Ce qui fait d'eux « des riches ». Daniel Kawata les appelle les richement pauvres. Ils détournent des fonds destinés aux travailleurs, à l'État, ils se sont acquis de biens qui les classent parmi les riches ; une fois qu'ils quittent leur poste, vers la fin de leur vie, ils obtiennent un diplôme avec mention vanité de vanité. C'est pourquoi les entreprises de l'État sont écrémées. C'est ainsi qu'une nomination est le début de la course à l'enrichissement rapide. Il faut en profiter, car une opportunité manquée est une destinée hypothéquée et la chance ne sourit qu'une seule fois selon leur dire. Aussi c'est leur tour. On agit ainsi sans pour autant savoir qu'on ne fait qu'accroitre le nombre des mécontents au pays. Une fois qu'ils ont quitté leur poste, ils deviennent des donneurs de leçons. Ils veulent se faire des saints en politique.

- Une occasion pour écraser les autres, faire de soi-même et son entourage des êtres intouchables : c'est ainsi que l'anarchie s'est installée. Lorsqu'on donne à un Congolais une parcelle de pouvoir, il veut prendre tout l'espace. Par ce concept, l'entourage des politiciens a les mêmes considérations à l'égard de la population ; ce qui amène au trafic d'influence. Les hommes sont devenus plus importants que l'institution. C'est l'origine de la personnalisation des institutions. Le pays n'est pas dirigé sur la base d'un programme, mais par ce que pense un individu. On valorise la réputation d'une seule personne au détriment de tout un peuple. Or, les hommes passent, mais les institutions restent. Un autre concept erroné est subséquent à celui-ci : la politique, c'est les grandes affaires du pays. Or tout commence par les petites choses et la politique, c'est seulement le gouvernement. La justice, l'armée et la police ne sont qu'au service de ceux qui sont au pouvoir.

Les Congolais sont entourés de plusieurs politiciens qui sont motivés par la sympathie et la pitié du peuple, ils sont forts pour faire voir que le peuple souffre. Les Congolais ont besoin du changement. Ce pourquoi en RDC les politiciens sont ceux qui disent une chose et qui en font une autre, qui nourrissent d'espoir et de promesses la population, mais après tournent le dos. L'opposition est le rassemblement de ceux qui disent d'une manière permanente qu'ils ne sont pas en accord avec le système qui gouverne actuellement. En RDC, on a compris que ceux qui se disent être de l'opposition sont ceux qui n'ont pas pris part au gâteau de la politique ou du pouvoir, ou ont été chassés. D'après eux, ils ont les seuls à être capables de diriger et jugent sévèrement le pouvoir en place. Ils répriment et dénoncent le mal des autres. Nous comprenons qu'ils chassent chez les autres ceux qu'ils sont eux même tout en se cachant. Ils sont comme qui dirait à enlever la paille chez l'autre sans voir la poutre devant eux. Ils ne cessent de réclamer la démocratie. Alors que pendant la transition 1 +4 (un président plus quatre vice-présidents du 30 juin 2003 au 30 juillet 2006) nous avons compris que la démocratie ressemble à un fluide qui prend la forme du récipient qui le prend. Ils sont opposants aujourd'hui, mais dans leur profil du passé ils n'ont pas cherché le bien-être du peuple. Aujourd'hui, il y a un jeu de certains politiciens. Ils sont de l'opposition, après ils basculent dans la majorité présidentielle et vice-versa. Ils changent de discours du jour au lendemain. Avec le temps, on se rend de plus en plus compte. Lorsqu'un politicien est dans l'opposition. Il est à l'écoute du peuple. Mais une fois au pouvoir, on a l'impression qu'il porte un casque et n'écoute plus la population qu'il défendait dans l'opposition.

Les politiciens sont des récupérateurs de situation. Les problèmes dans les quotidiens congolais tels que les inondations, grève, insalubrité, érosions, etc. sont traités pour des intérêts propagandistes au lieu de trouver des solutions, on agit pour prouver. C'est aussi une occasion pour l'opposition de démontrer ce qu'elle ferait si c'était elle qui devait agir. Du côté de la majorité au pouvoir c'est aussi l'opportunité d'imposer les jeux à l'opposition. Elles séduisent pour réduire. Dans un monde où chacun tranche, l'homme vrai faisant figure de charlatan a dit André Gide. Les politiciens sont aussi appelés Kuluna en cravate. En se référant à celui des bandes qui font des troubles en d'autres types d'habillement. Les politiciens le font en cravate par le détournement et la corruption. Ainsi le budget et les actions du gouvernement ne se correspondent pas. Les plans de développement national présent se sont terminés en plan d'illusion. Les problèmes de la RDC sont connus depuis plus de 50 ans, mais personne n'agit pour mettre fin à cette situation.

Le pays a besoin d'une nouvelle conception de la politique. Aujourd'hui, nous ne devons pas nous demander si notre gouvernement est trop grand ou trop petit, mais s'il fonctionne convenablement. S'il aide les familles à trouver un emploi avec un salaire décent, des soins que les familles peuvent se permettre, une retraite digne. La réponse est non. Les peuples jugent sur ce qui a été construit et ce qui a été détruit. Aujourd'hui, tout le monde pointe le gouvernement et les dirigeants des entreprises de l'État comme responsables de la situation actuelle. Ils se plaignent comme sans force devant ces autorités. Pendant qu'elles constituent une force. Ne demande pas ce que ton pays peut faire pour toi, demande ce que tu peux faire pour ton pays a dit John Fitzgerald Kennedy.

Les Congolais veulent toujours établir des responsabilités des difficultés. C'est la recherche des boucs émissaires. Ce qui n'est pas mal en soi. La connaissance des causes et l'établissement des responsabilités ne sont pas toujours la fin de la situation. Il faut une vision, des objectifs et des actions pour mettre fin aux problèmes.

On pointe un doigt pour que quatre retournent vers soi-même. Et souvent, il y a cette fameuse phrase : À qui la faute ? On préfère jouir de son confort que de se regarder soi-même et on croit toujours avoir des excuses. Lorsque les Congolais établissent les responsabilités actuellement, la population cite : les intellectuels ; les pays voisins ; les colons ; les ancêtres ; la communauté internationale ; les précédents gouvernements et présidents ; les guerres d'agression, etc. Ils disent toujours c'est la faute de. C'est pourquoi au lieu de s'en prendre aux vraies causes de la situation, bien souvent on s'accuse mutuellement dressant ainsi un mur qui cache le vrai problème. Il est cent fois plus facile de critiquer les autres que de trouver des solutions aux problèmes. La critique est aisée, mais l'art est difficile. L'un des signes graves de l'immaturité c'est de penser qu'on peut faire mieux que quelqu'un sans être dans sa condition. Les ennemis du changement sont ceux qui savaient que les choses devraient changer, mais restent les mêmes. C'est ainsi que le changement est bloqué. Ce qui se fait est considéré comme une finalité qui ne se justifie pas. Tout le monde sait ce qu'il faut faire, mais personne ne le fait.

Le Leadership

La République démocratique du Congo ne manque pas de leaders dans son passé ni dans son présent. Comme les valeurs extrêmes influencent la moyenne, il y a un manque de repères et de modèles, car dans ce pays ceux à qui l'on pourrait faire confiance ont déçu. On a l'impression que tout le monde dans ce pays veut se faire appeler leader. Le leadership est confondu au titre, à la position et à la célébrité.

De ce fait selon Dede Kasay, il y a sept concepts erronés sur le leadership, à savoir :

1° Le directeur, le PDG, gérant, président, le pasteur est un leader. Les gens considèrent que lorsque quelqu'un reçoit la position de leadership, il est automatiquement un leader. Plusieurs personnes (directeur, ministre, président etc.) sont en position de management (gestion) et non de leadership. Lorsqu'on parle de leadership, il s'agit d'influencer les gens pour accompagner le leader à accomplir une vision bien claire et déterminée, tandis que le management se borne à maintenir le système et processus de l'organisation, de l'entreprise ou du pays. La meilleure façon de tester si une personne est un leader ou un manager, c'est de lui demander de créer un changement. La différence entre un manager et un leader ne signifie pas pour autant que le manager soit inférieur à un leader.

2° Busines man, les entrepreneurs : Souvent, les gens pensent qu'un homme ou une femme d'affaires, ou un entrepreneur est automatiquement un leader. Mais ceci n'est pas toujours le cas. Les gens peuvent venir travailler pour vous juste parce qu'ils ont besoin d'argent pour vivre, mais en réalité ils ne vous suivent pas. Vous ne pouvez que les persuader pour un moment, mais vous ne pouvez pas maintenir une influence à long terme sur eux.

3° Toute personne qui octroie des aides est un leader. Pour les gens, un leader c'est celui qui fait des œuvres de charité. Les gens suivent les aident et non l'influence.

4° La connaissance et l'intelligence : Les gens pensent que ceux qui possèdent la connaissance et l'intelligence sont par ce fait même des leaders. Vous pouvez visiter les grandes universités, vous trouverez de brillants chercheurs scientifiques et philosophes qui ont une connaissance et une intelligence supérieures, mais leur habileté en matière de direction est d'un niveau bas. Le quotient intellectuel n'est pas nécessairement équivalent en leadership. Car ils ne peuvent qu'enseigner les habilités, connaissance, principe dont on a besoin pour un leadership effectif, mais ils ne peuvent jamais enseigner le caractère ou la vision. Le vrai leader n'est pas un don, mais un produit résultant des efforts sur le développement d'un caractère et d'une vision bien précise, pour soit résoudre une crise collective soit amener les gens à une cause commune.

5° Toute personne qui se tient devant la foule est un leader. Avoir une foule devant soi n'est pas nécessairement synonyme du vrai leadership. La popularité n'est pas synonyme du leadership.

6° Le leadership est réservé à une classe, une famille, un territoire. C'est ce qu'on nous a fait croire : le leadership est l'apanage d'un certain nombre de personnes ou d'un groupe.

7° Ceux qui se disent eux-mêmes être leader : ces derniers s'accrochent à la position et aux titres plus qu'au service. La position et le titre ne garantissent pas la performance. Elles ne sont que 10 % du vrai leadership. Le leadership, c'est le service.

Face aux concepts erronés ci-haut cités, le leadership est défini comme étant l'influence d'une manière générale. Mais chaque personne qui l'a étudié le définit aussi :

- Dale Carnegie : « C'est aider chacun à réussir ce qu'il est capable de faire, établir une vision pour l'avenir, encourager, guider, établir et entretenir des relations réussies. » ;
- Dede Kasay : « C'est la capacité d'influencer les autres par inspiration motivée par une passion pour une vision claire provenant d'un dessein prédestiné. » ;
- Robert Crandalle : « C'est la capacité d'anticiper le changement. » ;
- Anne Virginie. M Wafo : « C'est le fait de bâtir une vision dans le cœur et la pensée des hommes. » ;
- Esperance Mbakadi : « C'est l'exercice de l'influence pour l'accomplissement d'une cause commune. » ;
- Georges Kaitholil : « C'est la direction d'un groupe qui consiste essentiellement

à savoir comment amener les gens à travailler ensemble. » ;
- John C Maxwell : « C'est une question d'influence. »

De toutes ces définitions, nous avons tiré quelque mot, tel que :

- Le dessein : la raison d'être une chose, toute personne a sa raison d'être. Le leadership nait lorsqu'une personne découvre son dessein c'est-à-dire la raison principale pour laquelle elle est née. « N'imitez pas les autres » disait EBBS à ses protégés : « soyez vous-même ». Cela demande souvent de trouver qui vous êtes réellement et de bâtir consciemment cette connaissance ;
- La vision : c'est voir la fin au commencement, voir son dessein. C'est le pont entre le présent et le futur. Un leader doit d'abord concevoir une image mentale d'un avenir possible et désirable de son organisation. La vision c'est l'image mentale de ce que l'on veut entreprendre. Cette image que nous appelons une vision peut être aussi floue qu'un rêve ou aussi précise qu'un but ou un projet d'entreprise. Le point clé, c'est

qu'une vision exprime la perspective attrayante d'un avenir réaliste et crédible. Pour un leader, les actes sont bien plus puissants que les paroles. La qualité la plus requise est de transformer la vision en réalité. Kabeya Mwembia a dit : une vision sans action n'est que rêverie et des actions sans vision ne sont que de passe-temps ;
- La passion : le Larousse la définit comme un très vif mouvement qui pousse quelqu'un vers ce qu'il désire de toutes ses forces, vers ce qu'il aime avec intensité, en aveugle, la souffrance, douleur, compassion. C'est comme l'essence d'une voiture. La vision produit la passion comme l'a dit MAX WEBER : « Rien n'a de valeur pour l'homme en tant qu'homme, qu'il ne peut faire avec passion ». La passion d'un vrai leader ne provient pas de la soif ou du désir, du pouvoir de diriger de l'argent, de la célébrité ou de la reconnaissance, mais plutôt il provient d'une vision claire et définie en vue d'aider son peuple ;
- L'inspiration : c'est l'absence de la manipulation, l'opposé de l'intimidation ;

- L'influence : ce qui conduit à agir. Le problème est d'orienter notre influence pour qu'elle devienne productive pour une cause commune en établissant des valeurs et principes nobles pour la race humaine et notre société, ce qu'il faut faire pour le pays ;
- Les relations humaines : c'est le centre de tout leadership. On ne peut pas influencer seul. Les records individuels sont intéressants pour l'histoire, mais souvent secondaires. Ce qui compte beaucoup plus, c'est ce qu'accomplit toute une équipe. Dans toutes relations humaines, les quatre opérations de l'arithmétique interviennent. Il y a la soustraction de la solitude, une addition de vos différences, une division de vos responsabilités et une multiplication de vos capacités. Aucun humain ne peut vivre en solitaire. Si vous voulez approfondir le sujet. Je vous conseille mon premier livre intitulé : *Comment réussir avec les autres*.

Il existe une différence entre le leadership et le leader. Le leadership c'est la fonction ou encore l'ensemble des principes fondamentaux qui régissent le fonctionnement ou l'effectivité du leader. Il est aussi l'exercice des responsabilités en application des principes et valeurs demandées à la personne tandis que le leader c'est la personne physique ou morale exerçant la fonction du leadership, c'est-à-dire de diriger. Le leader c'est le guide, c'est aussi celui qui connait la destination et la voie pour arriver.

Au regard de ce qui précède, nous pouvons affirmer ceci :

- La qualité d'une nation est révélée par la qualité de son leadership ;
- La solution à nos nations c'est un leadership effectif ;
- Les nations s'élèvent ou s'abaissent selon le leadership ;
- C'est le leadership qui détermine l'etat de la Nation ;
- Reconstruire le leadership c'est reconstruire toute une nation ou une organisation ;
- L'une des différences entre toutes les nations c'est l'effectivité du leadership ;
- Lorsque le vrai leader se tient debout, le peuple l'écoute ;

- Le grand défi de tout leader qui accède nouvellement à une position de leadership d'une nation ou d'une entreprise quelconque c'est de défier le système établi par un esprit de créativité et d'innovation, afin d'établir un nouveau système de leadership plus productif plus effectif que le précédent ;
- Un leadership qui ne réussit pas dans sa propre maison ne peut pas réussir ailleurs ;
- Le chemin le plus court pour devenir leader c'est de résoudre le problème du peuple ;
- La plus grande motivation du leadership est désir de servir et non de diriger ;
- On ne peut pas devenir leader dans tous les domaines, mais plutôt dans un domaine bien spécifique ;
- Le vrai leadership ne consiste pas seulement à diagnostiquer le problème du peuple, mais plutôt à apporter la solution adéquate à ce problème ;
- Toutes les richesses et les ressources naturelles d'un pays ne résoudront jamais sa crise nationale aussi longtemps

qu'il fonctionne dans le même leadership qui a produit cette crise ;
- Une crise nationale est toujours un appel ou une alarme à un nouveau leadership ;
- Nous n'avons pas besoin des nouveaux leaders, mais d'un nouveau leadership ; et lorsqu'il n'y a pas de leadership, le peuple ne bouge pas. Le progrès et le changement surgissent lorsque des leaders courageux et compétent saisissent l'opportunité pour améliorer les choses.

La plupart de grands leaders de l'histoire ont été de simples individus qui se sont retrouvés dans des situations très critiques au milieu d'une nation ou communauté délaissée, « comme des brebis sans berger », et ils se sont décidés à remédier à ces situations en déployant leurs qualités, leurs dons, talents et un courage digne d'inspirer et entrainer les autres. Le pays a besoin aujourd'hui de ce genre de personnes. Car le vrai leader n'est pas seulement celui qui sait où il va, mais celui qui inspire les autres à venir avec lui.

En République démocratique du Congo, tout le monde veut être dirigeant. Pendant qu'il se vit la crise du leadership. Voici les signes d'une crise de leadership :

1° Un manque d'une vision collective. Lorsqu'il y a une vision, il y a union, lorsqu'il y a plusieurs visions, il y a division. Lorsque les idéaux ou la vision nationale sont ignorés, le peuple marche comme conduit par un aveugle. Un peuple sans vision est un peuple sans frein. Une nation sans vision est destinée à la ruine. La vision individuelle n'est efficace que dans une vision collective.

2° Le manque de progrès ou développement : c'est un grand signe annonciateur de la crise du leadership, c'est-à-dire que la communauté ou le pays régresse vers la destruction au lieu de progresser ou d'avancer vers la construction et la reconstruction.

3° Le manque des structures ou d'institutions fiables : Lorsque la loi, les structures ou les institutions sont corrompues c'est-à-dire lorsque le peuple n'a plus assez confiance aux institutions établies, car elles répondent seulement à la satisfaction, aux plaisirs ou aux besoins d'intérêts d'un seul groupe d'individu ou d'une personne (elles ne sont pas établies par des experts ou personnes visant l'intérêt communautaire ou national). Ainsi tous nos plans, nos objectifs, nos budgets et nos stratégies n'arrivent pas à nous faire aboutir à un changement de leadership, nous n'avons pas une solution durable, une crise nationale est un appel au changement du leadership.

4° Une présence régulière des conflits internes entre leaders. Ce signe nous enseigne que pendant que certains leaders sont en conflit, un autre leader peut s'imposer, établir un nouveau leadership et prendre le contrôle de la situation. Ces conflits sont immatures et fondés sur des intérêts personnels ou d'une minorité. Tout le monde veut avoir un poste de direction, mais qui sera subalterne ?

Le nœud du problème ici n'est pas le changement de leader, mais plutôt celui du leadership. Nous nous référons au changement des principes qui gouvernent le leadership politique. Si le changement ou le remplacement des individus en position de leadership était la solution, La République Démocratique du Congo ne serait pas ce qu'elle est aujourd'hui. La solution en République Démocratique du Congo n'est pas seulement les élections démocratiques, bien que nous ne soyons pas contre, étant donné que celles-ci peuvent être une voie parmi tant d'autres, ni encore moins un coup d'État, ni une guerre civile ou une rébellion, mais la solution c'est le leadership effectif. Le grand problème du leadership congolais est d'avoir une vision qui ne se limite qu'aux élections c'est-à-dire cinq ans seulement. La RDC, vu sa situation, doit se projeter à plus de 10 ans. Souvent, les élections sont une occasion de se faire leader sans leadership. Un pays c'est une construction et une reconstruction permanente.

Entre-temps, les autorités politiques sont vilipendées et stigmatisées. On oublie qu'à chaque fois qu'il y a une crise, la personne solution est celle qui est née dans cet environnement. Nous avons encore un problème dans ce pays. Les Congolais ne reconnaissent pas le leader de chaque époque. On ne les reconnaît qu'à leur mort. Or une communauté qui manque de reconnaître le leader à un temps bien particulier de sa crise sera condamnée à rester dans la souffrance. Le leadership doit être porteur et défenseur des aspirations du peuple qui finit donc par s'identifier au leadership. Le peuple a besoin de pédagogie pour connaitre les vecteurs de son émancipation réelle, car elle est l'aspiration de tout peuple.

Au pays de Lumumba, il y a un manque de repères, de modèles, car dans ce pays ceux à qui l'on pourrait faire confiance ont déçu. Ainsi tout le monde en RDC veut se faire appeler leader. Le leadership est confondu avec le titre, la position et la célébrité.

Enfin, reconstruire et construire la RDC commence par le leadership, ce qui retient ce pays dans une situation difficile ce n'est pas un manque de richesse ou de ressource. C'est un problème de leadership. Les leaders sont nés pour apporter la solution à un moment particulier de l'histoire d'un peuple spécifique. Les grands leaders sont la solution, le remède aux grandes crises à un moment bien précis de l'histoire de leur peuple. C'est le besoin du pays. La population dit toujours que les actions du gouvernement sont incomplètes et que c'est une goutte d'eau dans l'océan, mais cet océan ne le serait pas sans cette goutte. Les bonnes intentions ne sauront remplacer les actions palpables. Elle croit que tout se fera au même moment.

Comment devenir une Autorité Morale

D'après l'Encyclopédie Larousse[1], l'autorité morale, définie comme « une réalité psychique, une conscience, mais plus haute et plus riche que la nôtre et dont nous sentons que la nôtre dépend », trouve sa source dans la société.

Selon Philippe Schoutheete, peut-on tirer de l'histoire des exemples d'autorité morale, qui auraient des points communs, des caractéristiques partagées, qui expliqueraient l'autorité morale ? On pourrait évidemment remonter les siècles. Dans la civilisation occidentale, les deux personnes qui exercent sans doute l'autorité morale la plus durable sont Jésus et Socrate. Jésus, dont saint Mathieu disait : « Il les enseignait en homme qui a autorité, et non pas comme les scribes ». Socrate, dont Platon disait qu'il enseignait la vertu sans demander d'argent, non pas comme les

---

[1] https://www.larousse.fr/encyclopedie/divers/autorit%C3%A9/24471#:~:text=L'autorit%C3%A9%20morale%2C%20d%C3%A9finie%20comme,sa%20source%20dans%20la%20soci%C3%A9t%C3%A9.

sophistes. Pourtant, il me semble que leur message essentiel n'est pas politique.

C'est en lisant le livre leader Shift de John C Maxwell que j'ai pu aussi trouver la définition du concept autorité morale. Selon John C Maxwell : L'autorité morale est la reconnaissance de l'influence d'un leader, influence fondée sur qui il est plus que sur le poste qu'il occupe. On la gagne en menant une vie authentique qui inspire confiance et on la préserve grâce à des efforts de leadership réussis. Elle découle de toute une vie de constance. Le leader peut aspire à gagner de l'autorité morale par son mode de vie, mais seuls les autres peuvent la lui accorder.

Il nous donne aussi le chemin menant à l'autorité morale. L'autorité ne s'achète pas, elle n'est pas innée. C'est quelque chose qui s'acquiert auprès des gens sous notre direction. C'est par les quatre éléments suivants :

1. La compétence : C'est la capacité de diriger. Les gens oublient que les compétences qui font arriver à un poste de leadership. Ce n'est pas les mêmes pour diriger. Il s'agit de donner le meilleur de soi-même, en commençant par de petites choses. Dale Carnegie a dit : ne craignez pas de vous donner à fond aux taches qui peuvent vous sembler insignifiantes. Chaque fois que vous en réussirez une, elle affirmera d'autant votre compétence. Si vous accomplissez bien les petites tâches, les grandes auront tendance à s'accomplir d'elles-mêmes. Le fait de réaliser en totalité avec excellence contribue à se faire une capacité de compétence. La capacité de diriger fait que les gens suivent un leader. La population suit un leader parce qu'ils doivent, ils veulent, en raison de compétence du leader, il les aide à devenir compétents, le leader a la réputation d'aspirer à l'excellence.

2. Le courage : L'autorité morale va de l'avant en dépit de la peur. L'autorité s'accroit ou diminue en fonction du courage de la personne en question. CS Lewis a dit : « le courage n'est pas simplement une des vertus, mais la forme de toutes les vertus au moment de l'épreuve ». Tout le monde admire le courage. Le courage n'est pas seulement l'absence de la peur, mais c'est avancer malgré la peur.

3. La constance : C'est bien faire tout le temps, et non uniquement parfois. Jim Collins a dit : « L'inconstance chronique est la signature de la médiocrité ». Les avantages de la constance sont :

- La constance assoit la réputation.
- La constance sécurise les membres de l'équipe.
- La constance permet de mesurer la croissance avec exactitude.
- La constance procure de la pertinence.
- La constance façonne les attentes par rapport aux autres.
- La constance garde le leader fidèle à son message.

4. Le caractère : C'est manifester plus de grandeur intérieurement qu'extérieurement. L'autorité morale découle des bonnes intentions, des bonnes valeurs, des bonnes convictions, des bonnes actions, des bonnes réactions. Alors qu'une grande partie du leadership s'exerce en public, les motivations et les traits de caractère louables qui nous sont nécessaires pour devenir un leader ayant de l'autorité morale s'acquièrent en privé. On ne parle pas ici de la perfection, car nous sommes tous humains et faillibles. Pour acquérir de l'autorité morale, nous devons néanmoins être bien intentionnés et nourrir de bonnes motivations. Le caractère se manifeste par les éléments suivants :

- L'intégrité : C'est le sens d'un alignement de ses actions sur ses

valeurs. Le leader fait la bonne chose, même lorsque cela lui est difficile, même lorsque cela n'est pas à son avantage. Il fait passer l'équipe, l'organisation et la vision avant lui.
- L'authenticité : les gens ne veulent pas suivre un leader qui prétend être ce qu'il n'est pas. Ils ne s'attendent pas à la perfection, seulement à de l'honnêteté.
- L'humilité : c'est le fait de se montrer honnête par rapport à ses faiblesses. L'humilité désire trois choses. Premièrement, vous savez ce que vous valez et vous êtes capable d'autocritique. Deuxièmement, vous êtes assez sûr de vous et à l'aise pour ne pas ressentir le besoin d'attirer l'attention sur vous. Troisièmement, vous vous réjouissez des réalisations d'autrui et vous désirez ardemment les aider à briller. Patt Robertson a dit que l'humilité était la plus grande vertu. Tous les problèmes que nous avons dans notre société sont liés à nos orgueils personnels.
- L'amour : le leader doit se soucier des gens. Les gens s'en rendent toujours compte quand ce n'est pas le cas, ce qui les amène instantanément à se

désengager et à court-circuiter votre autorité morale, l'authenticité, l'humilité et l'amour.

Références Bibliographiques

Maxwell J C., *Leader shift*. Editions du trésor caché,2020.

Carnegie D., *Comment dominer les soucis et les stress*. Flammarion,2004.

Dale Carnegie D., *Comment trouver le leader en vous*. Hachette édition France, 1995.

Kawata D., *C'est possible*. Quatrième édition Kingdom Leadership center, Kinshasa, 2006.

Kasay D., *Le vrai concept du leadership*. Editions Kingdom Leadership Center, Kinshasa 2008.

Kasay D., *L'église et la politique*. Kingdom Leadership Center, Kinshasa,2009.

Warren R., *Une vie motivée par l'essentiel*, Editions Purpose Driven Mininistries Lake Forest 2006.

Pérets J., *Comment réussir avec les autres : les relations humaines comme une arithmétique*. Vision Biosphère, 2018.

Marcelo Tunasi, *Le Congo du hier serra égal au Congo de demain à moins que...*, Communication du 10/03/2009, Génération des bâtisseurs, Kinshasa-RDC

De Schoutheete Philippe, *L'autorité morale en politique*, In Bulletin de la Classe des lettres et des sciences morales et politiques, tome 24, 2013. pp. 133-138 ;

Les livres du même auteur

1. Comment réussir avec les autres : Les relations humaines comme une arithmétique

Dans toutes relations humaines, les quatre opérations de l'arithmétique interviennent. Il y a la soustraction de la solitude, une addition de vos différences, une division de vos responsabilités et une multiplication de vos capacités. Aucun humain ne peut vivre en solitaire. Comment réussir avec les autres est une réflexion sur les relations humaines, qui utilise l'image de quatre opérations de l'arithmétique pour donner une compréhension globale de l'apport des relations humaines dans notre vie de tous les jours.

2. Les Pouvoirs de la parole en public

La parole a des grandes contributions dans notre vie de tous les jours. La parole en public nous octroie des pouvoirs. Chaque jour, nous sommes appelés à parler en public et à voir les autres le faire. Et souvent dans la vie ce que nous faisons quotidiennement ne nous permet pas, parfois, de nous rendre compte de la contribution apporté dans notre vie.

3. La Vie continue quel que soit votre passé

Pour beaucoup, les souvenirs les hantent. Ils laissent leur passer déterminer leur futur. Souvent, ils se punissent eux-mêmes inconsciemment en sabotant leur propre réussite. Nous sommes le résultat de notre passé, nous ne sommes pas obligés d'en être captifs. Mark Twain a dit : "Faites vos projets dans l'avenir. C'est là que vous allez passer le reste de votre vie". On s'habille en fonction de là où l'on va. Mais le passé comporte un autre problème, et c'est exactement l'inverse. Il est difficile pour celui qui regarde trop son passé de voir son avenir.

4. Comment passer du rêve à la réalité

Votre rêve commence à se réaliser le jour où vous êtes conscient d'en avoir un. Ce qui exige de commencer là où vous êtes. Il n'y a pas un pays de rêve. Il n'y a que de pays où les rêves se réalisent. Il n'y a pas d'hommes, ni de femmes de rêve. Il n'y a que des hommes et des femmes qui réalisent leurs rêves. Pour accomplir votre rêve, il vous faut un plan. Il permet de répondre aux questions : qui, quoi, pourquoi, comment, quand, avec qui et combien ?

5. Comment vivre dans un monde en crise

Les crises sont des moments auxquels nous ne nous attendons pas, qui nous exigent de faire des choses que nous ne faisons pas d'habitude. Elles sont des alarmes pour éveiller notre créativité ; c'est ainsi que l'on peut dire que les crises sont des moments de progrès. Les grandes questions : comment allez-vous les gérer ? Est-ce que vous allez abandonner ? Est-ce que vous allez permettre aux circonstances de vous rendre misérable ? Est-ce que vous allez tenter de faire mieux ? La vie ne présente aucune garantie. Nous essayons de nous protéger par toutes sortes de moyens : parapluie, airbags, alarmes contre les cambrioleurs...Le problème dans la vie n'est pas ce qui nous arrive mais la manière dont nous le gérons. La première gestion est au niveau mental.

6. Un regard dans le passé pour un avenir meilleur

Pour un homme sage, hier est mort, demain est en vue de l'esprit, la véritable vie c'est celle qui a sous mes pieds, c'est donc l'instant présent. Le synonyme du mot présent, c'est « cadeau » ;

l'instant présent est donc un cadeau et mérite toute notre attention. Ce que vous construirez dans l'avenir, ne fera que produire en détail ce que vous imaginez aujourd'hui. Si vous voulez savoir celui que vous deviendrez dans les années à venir, tout dépendra de ce que vous faites maintenant. Aussi, quelqu'un a dit : ce à quoi on accorde plus du temps, on finit par le devenir. Ce que vous êtes aujourd'hui est le résultat de ce que vous avez fait jusqu'à hier.

7.Le changement commence ici

La vie est comme un long voyage avec beaucoup d'étapes. Pour les connaisseurs du voyage, on ne peut voyager qu'avec ce qui vous servira pendant le trajet. Le changement, c'est prendre ce qui vous sera utile. Vous êtes le seul à savoir ce qui vous est utile et inutile. Dans la vie sur la terre, rien ne reste immuable. Le monde est soumis à une grande loi universelle : celle de l'impermanence. Tout dans le monde est soumis au changement. Rien n'est stable, permanent, définitif. La plupart des gens désirent le changement, alors que ce qu'ils ont besoin d'abord, c'est d'être responsable. Le changement vous positionne pour l'avenir. Si vous voulez réussir ou échouer le reste de votre vie, tout dépend des changements effectués.

8. La richesse de la vie

Chaque événement heureux ou malheureux dans notre vie de tous les jours ne doit pas nous empêcher de voir la vie du bon côté. Car il y a toujours une leçon qui nous permet de mieux vivre dans l'avenir. Ce sont ces leçons qui enrichissent notre vie. C'est ce qui rend notre existence riche. Cette richesse que chacun de nous a accumulée peut être transmise d'une personne à une autre et d'une génération à une autre. C'est pour que ceux qui viendront après nous ne puissent pas perdre le temps que nous avons perdu et qu'ils ne tombent pas dans le même piège que nous. Qu'ils puissent avoir de bons fondements. C'est ce que j'appelle la richesse de la vie. La richesse n'est pas seulement ce que nous avons de tangible. La richesse n'est pas ce que l'on a dans les mains, mais celle qu'on a dans le cœur et dans la tête et qui produit ce que l'on a dans les mains. Cette richesse n'est utilisable que de son vivant.

Vision Biosphère
Voir la vie dans toutes ses possibilités

Vision Biosphère est une entreprise qui vise à vous faire voir la vie dans toutes ses possibilités. Tout ce que vous faîtes ou vous ferez c'est parce que vous en avez vu la possibilité d'avance.

Le concept Vision Biosphère

Dede Kasay a dit : « *Lorsque le concept est erroné, les résultats seront infailliblement erronés* ». C'est ainsi qu'il nous est nécessaire d'expliquer le concept Vision Biosphère :

- La Vision : c'est voir non pas ce qu'il y a mais ce qui doit être et en faire une réalité. Car, « *une vision sans action n'est que rêverie et des actions sans vision ne sont que des passe-temps* », a dit Mwembia Kabeya. En d'autres termes, c'est l'image mentale de ce qu'on veut faire (entreprendre) ;
- La Biosphère : C'est la partie du globe terrestre ou la vie est possible en permanence. Elle répond à la grande distinction entre le monde vivant et le monde inerte. C'est un terme pris de

l'écologie qui étudie les rapports des êtres vivants et leurs milieux.

Notre expertise

Nous sommes une entreprise d'édition, de formations et conseils. Notre expertise consiste à vous révéler les possibilités qui s'offrent à vous. Nous vivons dans une société qui classifie les gens en gagnants et perdants, pauvres et riches, forts et faibles... La classification cache une certaine discrimination. Comme si tous les rapports humains devaient aboutir au triomphe des uns et à la défaite des autres. Vous n'êtes pas obligé à appartenir à une catégorie ou une autre mais de voir la vie dans toutes ses possibilités.

Nos motivations

Quelqu'un a dit : Si le but d'une chose n'est pas connu, son abus et inévitable. Nos motivations nous les puisons dans les citations suivantes :

- Dale Carnegie a dit : "*Les idées les plus brillantes au monde sont sans valeur si vous ne les partagez pas*" ;
- Périclès a dit : "*Celui qui a des idées et ne sait pas les faire passer n'est pas plus avancé que celui qui n'en a pas*".

- Toute personne a quelque chose à donner aux autres.

Contact

Notre site internet : https://www.vision-biosphere.com/
Nous souhaitons échanger avec vous à l'adresse e-mail : visionbiospherebusiness@gmail.com
Notre page Facebook : Vision Biosphère
Twitter : Junior Pérets

Table des matières

Pourquoi j'ai écrit 3

La politique 7

Le Leadership 17

Comment devenir une Autorité Morale 31

Références Bibliographiques 37

Les livres du même auteur 39

Vision Biosphère 45